PARTI COMMUNISTE
(Section française de l'Internationale communiste)

CONGRÈS NATIONAL DE MARSEILLE
(25-29 DÉCEMBRE 1921)

UN AN D'ACTION COMMUNISTE

Rapport du Secrétariat Général
Présenté au 19e Congrès National
(1er Congrès du Parti Communiste)

LA COOTYPOGRAPHIE
Société Ouvrière d'Imprimerie, 11, rue de Metz, Courbevoie

1921

UN AN D'ACTION COMMUNISTE

Rapport du Secrétariat Général

PARTI COMMUNISTE
(Section française de l'Internationale communiste)

CONGRÈS NATIONAL DE MARSEILLE
(25-29 DÉCEMBRE 1921)

UN AN D'ACTION COMMUNISTE

Rapport du Secrétariat Général
Présenté au 19e Congrès National
(1er Congrès du Parti Communiste)

LA COOTYPOGRAPHIE
Société Ouvrière d'Imprimerie, 11, rue de Metz, Courbevoie

1921

PARTI COMMUNISTE (S. F. I. C.)

CONGRÈS NATIONAL DE MARSEILLE

(25-29 Décembre 1921)

UN AN D'ACTION COMMUNISTE

Rapport du Secrétariat Général

CHAPITRE PREMIER

1) L'Action générale du Parti

Depuis la scission de Tours, le Parti communiste ne s'est pas réuni en congrès ordinaire. Il a tenu deux assemblées nationales, l'une *les* 17, 18 *et* 19 *avril* dernier, à l'effet d'adapter son règlement général aux conditions nouvelles de sa lutte révolutionnaire, l'autre *le 2 octobre*, pour entendre le compte rendu de mandat de ses délégués au Troisième Congrès de l'Internationale communiste. Il vient de parcourir près d'une année d'existence. Dix mois chargés d'événements. Dix mois souvent difficiles. Dix mois d'organisation et de propagande, d'activité intérieure et générale, durant lesquels il lui a fallu déployer l'effort le plus considérable pour assurer sa prépondérance politique dans la classe ouvrière et s'affirmer dans les faits comme un parti de révolution sociale en lutte permanente contre le régime. Il y est parvenu grâce à l'inépuisable dévouement, à l'esprit de sacrifice, à l'entrain, à la combativité de tous ses militants.

Privé, par la scission, de la plupart de ses élus, de ses propagandistes, de ses administrateurs, il ne s'est pas un seul instant abandonné au découragement. Au contraire! La défection des chefs heurtait la conviction des masses. Le Parti savait que son adhésion à la Troisième Internationale exprimait le sentiment, fait d'enthousiasme et de résolution, de la portion éclairée du prolétariat. Elle avait, à la fois, la valeur d'un acte de solidarité à l'égard de la Révolution socialiste de Russie — préface de la Révolution universelle— et la portée d'une rupture définitive avec le socialisme de gouvernement, déshonoré par son installation dans la guerre impérialiste, sa participation au pouvoir bourgeois, son reniement prolongé de la doctrine, des principes, des méthodes traditionnelles du socialisme moderne.

Mais cette adhésion, par la trahison des porteurs de mandats et des détenteurs de fonctions, laissait le Parti désorganisé et numériquement affaibli. En passant à l'adversaire, les dissidents nous enlevaient, au centre, nos disponibilités financières, dans la plupart des fédérations, les archives et les caisses dont ils étaient le plus souvent les gardiens. Ils prétendaient nous déposséder de *L'Humanité* sous le fallacieux prétexte que, minorité rebelle aux décisions souveraines du Congrès de Tours,, ils continuaient le Parti, comme si le Parti n'était pas avec la masse de ses militants et non avec la poignée bruyante de ses chefs indisciplinés. De plus, une politique de réaction, menée par la Chambre du Bloc national, devait attirer sur le Parti les rigueurs de la dictature bourgeoise. Lorsque s'ouvrit l'année 1921, plusieurs des artisans de l'adhésion à l'Internationale — Loriot, Souvarine, — étaient en prison; peu de temps après, d'autres — Ker, Dunois, — devaient les y rejoindre. La bourgeoisie et la dissidence semblaient coalisés pour anéantir notre jeune mouvement communiste.

Elles n'y parvinrent point.

A la veille de notre Congrès National, nous pouvons enregistrer avec fierté les résultats du travail acharné de nos militants. Nous sommes le premier parti politique de ce pays, le plus nombreux, le mieux organisé, le plus fraternellement uni, le seul qui puisse, au grand jour de la dicussion publique, s'adresser aux masses, se faire entendre d'elles, éveiller leur sympathie, obtenir leur confiance...

Dans sa séance du mardi 4 janvier, le Comité directeur, élu à Tours, procéda à son installation définitive. Il se composait des camarades :

Alexandre BLANC, BOYET, BUREAU, CARTIER, Marcel CACHIN, COEN, DUNOIS, DONDICOL, Albert FOURNIER, FROSSARD, GOURDEAUX, KER, Georges LEVY, LORIOT, Lucie LEICIAGUE, Paul LOUIS, MERIC, RAPPOPORT, RENOULT, Louis SELLIER, SERVANTIER, SOUVARINE, TREINT, VAILLANT-COUTURIER, *titulaires;* BESTEL, Marthe BIGOT, HATTENBERGER, LALOYAU, MERCIER, Marthe PICHOREL, PALICOT, REBERSAT, *suppléants.*

Pour des raisons de santé, la camarade Marthe Pichorel se démit de son mandat dès le début de l'année. En cours d'exercice, nous enregistrâmes la démission du camarade Laloyau, nommé gérant de la Maison du Parti. Nous eûmes enfin à déplorer la mort subite de notre camarade *René Bureau,* survenue le 14 août 1921, des suites du surmenage que ce bon militant s'était imposé pour fournir au Parti une collaboration aussi précieuse que désintéressée. Bureau fut remplacé comme titulaire par Bestel, premier suppléant.

Le 4 janvier, en exécution de la résolution votée à Tours, le Comité directeur procédait par un vote unanime aux désignations suivantes :

Secrétaire général du Parti : Frossard.
Secrétaire international : Loriot.
Secrétaire adjoint : Antonio Coen.
Directeur de *L'Humanité :* Cachin.

Délégués permanents : Verfeuil, Julien, Veyren, Lucie Colliard.

Puis il constituait les commissions statutaires :

FINANCES. — *Gourdeaux*, secrétaire; *Louis Sellier, Boyet, Dondicol* et *Servantier*.

PROPAGANDE. — *Vaillant-Couturier*, secrétaire; *Alexandre Blanc, Rappoport, Treint, Renoult, Marthe Bigot, Bestel* et *Cachin*.

ARCHIVES. — *Lucie Leiciague*, secrétaire; *Amédée Dunois, Victor Méric, Alex. Blanc, Paul Louis*.

STATUTS ET REGLEMENT. — *Coën*, secrétaire; *E. Bureau, Renoult, Frossard, Georges Lévy*.

A une séance ultérieure, le Comité directeur devait compléter ces désignations en appelant le citoyen *Renaud Jean*, député, à la direction de la *Voix Paysanne*, avec, pour l'assister, les citoyens Vaillant-Couturier, Marthe Bigot et Treint, et le citoyen Louis Bernard, ancien député, comme secrétaire.

Notons enfin, pour achever d'un coup cette énumération des choix arrêtés par le Comité directeur, que le citoyen Boris Souvarine devait, par la suite, être appelé à la direction de la Librairie de *L'Humanité* et du Parti, assisté des citoyens Dunois et Paul Louis, le citoyen Daniel Renoult à la direction de *L'Internationale*. Le citoyen Souvarine devait en outre être chargé de représenter le Parti communiste français au Comité exécutif de la Troisième Internationale; la camarade Marthe Bigot chargée du secrétariat féminin de notre Parti.

En outre, et en vertu de l'accord intervenu entre le Parti et les Jeunesses, ces dernières déléguèrent Laporte et Auclair au Comité directeur, avec Fegy suppléant; le Comité directeur envoya Vaillant-Couturier et Treint, Palicot suppléant, au Comité national des Jeunesses.

---

2) Réorganisation du Parti

Le 4 janvier, le Comité directeur adressait aux membres du Parti un premier appel dont voici l'essentiel :

Le Comité directeur proclame, une fois de plus, que la scission a été voulue et préparée par quelques hommes qui ne consentent pas à s'incliner devant la volonté du pays socialiste.

La bonne foi de nombreux camarades a été surprise. Beaucoup de militants, en votant la motion Blum et surtout la motion Longuet-Paul Faure, qui se prononçait pour *l'adhésion avec réserves*, n'ont pas pensé qu'on allait les pousser à un acte de révolte contre le Parti.

Aussi le Comité directeur tient-il à rappeler que tous ceux qui veulent s'incliner devant l'adhésion votée par les représentants des trois quarts du Parti peuvent demeurer en toute sécurité dans l'organisation.

Le Parti fera respecter la discipline; il ne méconnaitra pas les droits des minorités.

Le Comité directeur compte que les fédérations, qui doivent se réunir d'urgence en congrès, résoudront leurs difficultés locales à la lumière de ce double principe.

Il pense que bien rares seront ceux qui déserteront le devoir socialiste et trahiront le Parti pour suivre une faction qui, demain encore plus qu'hier, manquera de troupes.

Vive l'unité révolutionnaire!

Vive l'Internationale Communiste!

Le Comité convoquait en outre des assemblées fédérales extraordinaires dans les conditions ci-après :

Sont chargés de la convocation de ces congrès :

a) Dans les fédérations où le secrétaire a voté pour la IIIe Internationale : le secrétaire fédéral;

b) Dans les fédérations où le secrétaire n'a pas voté pour la IIIe Internationale : le membre du bureau ayant voté pour la IIIe, qui en prendra l'initiative. (Sauf si le secrétaire fédéral, discipliné, se charge de convoquer.)

c) Dans les fédérations où aucun membre du bureau n'a voté pour la IIIe : le membre de la commission exécutive fédérale, connaissant les sections de la fédération, qui en prendra l'initiative. (Sauf si le secrétaire fédéral, discipliné, se charge de convoquer.)

Pour les sections, le Comité ajoutait ces précisions :

1° Les assemblées générales de section doivent être convoquées dans le plus bref délai :

a) Par le secrétaire;

b) A son défaut, par tout camarade ayant voté pour la IIIe Internationale et qui en prendra l'initiative;

2° Ces assemblées s'inspireront pour leur ordre du jour de l'ordre du jour indiqué ci-dessus pour les congrès fédéraux;

3° Ne devront être admis dans la section du Parti S. F. I. C. que les camarades déclarant s'incliner devant les décisions du Congrès de Tours.

Dans aucun cas, un camarade ayant fait acte de dissidence ne devra être accepté dans le parti S. F. I. C.

En même temps, le Comité directeur devait se préoccuper d'assurer le fonctionnement des services centraux du Parti, rendu difficile par la mainmise des dissidents sur la caisse centrale. Frustré des 60.000 francs de son dépôt au Magasin de Gros, il restait 1.500 francs à sa disposition. Il décidait d'ouvrir dans les colonnes de *L'Humanité* une vaste souscription publique. Il en définissait ainsi l'objet et la portée :

Socialistes! Travailleurs! Nous faisons appel à vous pour nous aider dans ces circonstances et nous assurer immédiatement, par un don généreux des masses ouvrières, les ressources dont nous avons besoin pour développer toute notre action.

QUE LES GROS SOUS DES PROLETAIRES REMPLACENT LES COTISATIONS DES ELUS TRAITRES AU PARTI !

Que la souscription publique, ouverte aujourd'hui par nous, permette à l'enthousiasme des travailleurs pour la IIIe Internationale et la Révolution russe de se manifester avec éclat !

Aux misérables listes sur lesquelles les dissidents épinglent péniblement les noms de quelques individus déserteurs du devoir, il faut que répondent des milliers et des milliers d'hommes sincères qui veulent se serrer au-

tour de notre vieux drapeau rouge, où brillent, depuis notre glorieux Congrès de Tours, les armes de la République des Soviets!

Nous voulons que la souscription qui commence nous apporte une force morale en même temps que l'aide matérielle nécessaire; nous souhaitons qu'elle nous permette de faire immédiatement le dénombrement des dévouements les plus actifs sur lesquels nous pouvons compter.

Accueillie avec enthousiasme, la souscription devait, en quelques semaines, produire des résultats inespérés. Les « gros sous des prolétaires » atteignirent 180.000 francs environ qui, seuls, permirent au Parti de franchir le cap difficile des lendemains de la scission. Jamais, depuis le jour où Jaurès, pour *L'Humanité* en détresse, fit, en 1906, un appel quasi désespéré à la classe ouvrière, pareil élan n'avait été enregistré.

Il se produisait en un moment où, par tous les moyens, les dissidents s'efforçaient de mettre la main sur l'avoir du Parti et son journal central. Nos adversaires nous avaient demandé d'entrer en relations avec eux pour le règlement de ce qu'ils appelaient « les questions litigieuses ». Nous aurions pu leur opposer un refus formel. Le Congrès de Tours n'excluait personne. Ceux qui faisaient scission nous quittaient librement, sous leur responsabilité, pour échapper à des décisions de majorité d'un caractère obligatoire pour tous les membres du Parti. En émettant des prétentions sur l'avoir du Parti, les dissidents outrepassaient évidemment leurs droits. Néanmoins, dans un esprit de conciliation, les représentants du Comité directeur : Frossard, Dondicol, Coën, Vaillant-Couturier, Cachin, Georges Lévy, leur présentèrent des propositions dont nous devons retenir l'essentiel :

1° Une transaction qui ne serait pas générale n'atteindrait pas le but recherché. Le parti socialiste (S. F. I. C.) estime donc ne pouvoir entrer en pourparlers que pour régler d'un coup toutes les difficultés d'ordre financier actuellement nées ou à naître, quelles qu'elles soient.

Le même principe de justice ne saurait avoir sa valeur pour la caisse nationale et la perdre pour les caisses fédérales ou de sections.

CAISSES

2° Une première mesure d'ordre provisoire s'impose.

Le trésorier du Parti, dépositaire des livres à lui confiés, les conservera jusqu'à ce qu'il ait achevé sa comptabilité.

a) Puis les retournera au siège social, 37, rue Sainte-Croix-de-la-Bretonnerie. Ils devront pouvoir y être consultés à son gré par le trésorier du parti socialiste (S. F. I. O.). Il sera même autorisé à en prendre copie conforme.

b) Les deniers dont il est dépositaire — soit en sa caisse, soit en compte à l'Union des coopératives, ainsi que ceux qui se trouvent en compte courant à l'*Humanité* — devront être d'urgence réunis et déposés à l'Union des coopératives, sous les deux signatures des trésoriers des deux partis. Ils ne pourront, bien entendu, en être décaissés que sur le vu de leurs deux signatures à la fois;

3° *Nous ne pouvons trouver à la liquidation de la caisse qu'une seule solution logique : la répartition au prorata des suffrages obtenus par les diverses motions à Tours. En effet, les abstentions ne sauraient pas plus entrer en ligne de compte qu'elles ne le font dans n'importe quelle assemblée générale du Parti ou de tout autre groupement.*

Que les fonds du Parti comprennent des cotisations d'élus, ne donne pas à ceux-ci le droit de les revendiquer individuellement, pas plus que ce droit n'existe pour la foule des cotisants. Les cotisations versées sont acquises et perdent tout caractère personnel;

4° La même mesure devra s'étendre à tous les groupements du Parti, non pas que nous entendions appliquer la même proposition que pour la caisse centrale. Mais nous croyons juste de répartir les caisses fédérales et les caisses de sections au prorata des suffrages obtenus par les diverses motions dans chacun des groupements dont la caisse est à liquider.

JOURNAUX

5° Le parti socialiste (S. F. I. C.) fait observer que la *répartition de fait* des journaux quotidiens du Parti ne correspond pas à la répartition des suffrages. Cinq quotidiens de province sur six sont restés entre les mains de la minorité. *L'Humanité*, par contre, se trouve entre les nôtres. Nous proposons le maintien du *statu quo* au point de vue de la direction politique et de la propriété de ces divers quotidiens. Financièrement, la liquidation après inventaire des droits du Parti et la répartition selon la même formule que plus haut.

Le *Populaire* de Paris reste entre les mains du parti socialiste (S. F. I. O.). Les créances du Parti dans ce journal devront être liquidées de la même manière et réparties sur les mêmes bases.

Les actionnaires du *Populaire* appartenant au Parti (S. F. I. C.) seront remboursés par une quantité équivalente d'actions de l'*Humanité* appartenant à des membres du Parti (S. F I. O.).

Le parti socialiste (S. F. I. C.) refuse formellement et définitivement de céder ou d'abandonner le titre de l'Humanité.

Il estime que ce titre est la propriété incontestable du Parti. Fidèle à la tradition de son fondateur, dont la pensée ne saurait être le monopole de personne, il croirait manquer au premier de ses devoirs en laissant disparaître le plus vivant souvenir de Jaurès. Il estime que l'Humanité ne peut cesser d'être le journal qui exprime et exprimera toujours les aspirations de la majorité du Parti — dans la plus pure et la plus haute tradition révolutionnaire.

Renoncer à ce titre constituerait pour lui une déchéance de pensée — une déchéance telle qu'il ne peut un seul instant retenir cette hypothèse.

Au lieu d'accepter ces propositions d'une large générosité, les dissidents entreprirent une active campagne pour s'emparer de *L'Humanité* en opposant le droit bourgeois au droit socialiste. Dans ces conditions, le Comité directeur ne pouvait continuer à négocier avec les dissidents. Il leur signifia la rupture par son ordre du jour du 25 janvier :

Le Comité directeur :

1° Estime que le fait de porter le débat sur le terrain de la chicane bourgeoise signifie la rupture de toutes négociations;

2° Dénonce l'indélicatesse de ceux qui se sont emparés des livres comptables et de la somme de 60.000 francs, montant de la caisse du Parti, ne laissant que la somme dérisoire de 1.500 francs et négligeant de régulariser la situation dans les délais consentis;

3° Il somme les dissidents de restituer immédiatement le contenu du coffre-fort, ainsi que la somme d'argent due par eux, d'après la répartition basée sur les votes de Tours.

Fort heureusement, la campagne des dissidents avorta et *L'Humanité* resta au Parti.

Nous en aurons fini avec ce qui concerne la réorganisation matérielle du Parti en signalant l'acquisition de la Maison du Parti, 120, rue Lafayette. Elle était rendu indispensable par le non-renouvellement du bail du 37, de la rue Sainte-Croix-de-la-Bretonnerie. Le Comité directeur saisit l'occasion qui s'offrait à lui de doter le Parti de son immeuble, en attendant qu'il soit possible de donner à *L'Humanité* son imprimerie. A cet effet, il en appela une fois de plus à l'esprit de sacrifice des travailleurs. Le 5 mai, il portait les décisions suivantes à la connaissance du Parti :

Les fédérations, sections et militants sont informés que le Comité directeur du Parti vient d'acquérir un immeuble destiné à abriter tous nos services. Située au centre de Paris, notre Maison socialiste nous permettra de recevoir et d'installer, en dehors de l'organisme central, la Fédération nationale des Jeunesses, la Fédération de la Seine, la Fédération de Seine-et-Oise, l'Union des municipalités socialistes, la librairie du Parti et de l'*Humanité,* ainsi que d'ailleurs les publications communistes. Le prix d'achat de l'immeuble est d'un demi-million de francs, dont la moitié payable le 1er avril prochain. Pour couvrir cette somme et les frais accessoires, le Comité directeur a décidé :

1° De donner une nouvelle impulsion à la souscription permanente et d'inviter tous les militants à faire circuler des listes dans les milieux où ils travaillent;

2° D'imposer tous les membres du Parti d'une cotisation spéciale extraordinaire de *cinq francs,* payable avant le 31 décembre en une ou plusieurs fois, au gré des fédérations et sections, et attestée par un timbre spécial obligatoire qui sera apposé sur la couverture extérieure de la carte 1921. Les fédérations pourront se libérer envers le Parti au moyen de versements partiels successifs.

Puis le comité émettait un emprunt à 6 0/0, remboursable avant le 15 avril 1922. *Par petites souscriptions, il recueillait en quinze jours plus de 400.000 francs.* Le Parti avait sa maison.

Dans le même ordre de réalisations, nous devons mentionner le lancement, en quelques jours, de *L'Internationale*, quotidien communiste du soir, dont la direction a été confiée à Daniel Renoult et dont le premier numéro est paru le 8 avril; la création du *Bulletin de la Presse Communiste*, qui, depuis le 22 février, sous l'active impulsion de Madeleine Ker, alimente hebdomadairement d'informations et d'articles notre presse de province, de documents et de plans de conférences nos secrétaires fédéraux; la publication de *tracts pour la propagande* (Aux Femmes, Aux Paysans, Aux Jeunes Gens, Aux Ouvriers) qui ont reçu une importante diffusion. L'hebdomadaire de propagande rurale, *La Voix Paysanne*, doit à l'intelligente activité de Renaud Jean et de ses collaborateurs une circulation qu'il n'avait jamais atteinte dans le passé. Le *Bulletin Communiste*, devenu organe du Parti, lui fournira la Revue doctrinale dont il était jusqu'ici dépourvu. Dans quelques semaines, le Parti aura son grand journal féminin et nous avons tout lieu de penser qu'il saura en même temps assurer la parution régulière des Jeunesses, *L'Avant-Garde*, qui a mené une excellente campagne antimilitariste.

3) Le Congrès administratif

(15, 16, 17 Mai 1921)

Il était nécessaire de mettre les statuts anciens du Parti d'accord avec les décisions de Tours, les thèses et résolutions de l'Internationale communiste. Une commission en fut chargée. Elle prépara un projet de règlement que le Comité directeur soumit ensuite aux délibérations des fédérations et sections. Le Congrès national administratif, réuni les 15, 16 et 17 mai, statua sur ce projet dont il adopta les dispositions essentielles. Nous ne les rappellerons pas ici. Elles ont été complétées depuis par l'accord intervenu avec la Fédération nationale des Jeunesses communistes qui prévoit des échanges de délégations dans les Comités directeurs des deux organisations, sur des bases d'égalité et avec voix délibérative.

Les statuts sont entrés en vigueur. L'expérience dira s'ils appellent des modifications importantes. Peut-être le Congrès de Marseille devra-t-il donner une interprétation définitive aux articles qui instituent, à côté du Comité directeur, une Commission nationale des conflits, dont l'objet est de trancher les difficultés que la procédure d'arbitrage n'aura pu résoudre. L'existence de Commissions fédérales des conflits s'accorde-t-elle avec le fonctionnement de celle du centre? La question reste posée par le conflit du Rhône qui a abouti à l'exclusion du citoyen Cuminal. La Fédération du Rhône a fait jouer une commission constituée dans des conditions identiques à la Commission nationale et qui dispose, dans le domaine fédéral, de pouvoirs analogues à ceux dont le Congrès de mai a investi la Commission nationale. Le Congrès de Marseille tranchera ce point de droit communiste.

Le Congrès administratif, dans sa première séance, avait entendu un bref rapport du secrétariat, suivi d'une courte discussion sur la politique générale du

Parti. Il s'était séparé après le vote, sur la proposition de Renaud Jean, de dispositions extra-statutaires prévoyant la création de régions avec permanents appointés; la constitution d'un Conseil d'études communistes sur l'activité duquel on trouvera dans le présent rapport des éléments d'information.

4) Le Parti Communiste et l'Impérialisme

Dès le début de l'année, le Parti a dû soutenir une lutte difficile contre la réaction maîtresse du pouvoir. Il savait que la netteté de ses affirmations théoriques l'exposait aux rigueurs de la répression gouvernementale et il savait aussi que la politique agressive de nos chauvins le contraindrait à improviser une action de défense contre les dangers de recommencements sanglants. Il n'avait ni le choix du champ de bataille, ni celui de l'heure, ni celui des moyens. Il lui fallait s'attendre au pire sans cependant se laisser dominer par les événements. Il s'est efforcé d'être à la hauteur de la situation. Le Congrès dira que s'il n'y a pas réussi, sa responsabilité, du moins, doit être dégagée : le Parti ne fait pas ce qu'il veut, mais ce qu'il peut. On a le droit de lui demander le maximum du possible; il serait injuste et puéril d'exiger de lui davantage. Or, quel est ce maximum dans un pays qui s'est confié pour quatre ans aux pires ennemis de la classe ouvrière, qui n'y a pas encore chassé l'esprit de bellirisme, les fumées de la gloire militaire, qui, dans sa majorité, continue de croire que « la victoire doit payer » ? Quel est ce maximum, lorsque le prolétariat est divisé contre lui-même et qu'il hésite, politiquement et syndicalement, entre le Réformisme et la Révolution? Quel est-il, ce maximum, sinon de maintenir sans défaillance l'adhésion donnée à la doctrine et aux méthodes de communisme? Sauver l'honneur, voilà ce qu'on pouvait demander à notre Parti, exiger de lui; voilà ce qu'il a fait, à des moments critiques, en attendant que sa force organique, son rayonnement, son influence, lui permettent de passer de la défensive à l'offensive.

Quand la bourgeoisie mobilisait pour des buts d'impérialisme, rappelant la classe 19 sous les drapeaux, le Parti avait le choix entre deux attitudes : ou bien appeler les mobilisés à la révolte et le prolétariat à l'insurrection, ou bien, conscient de son impuissance, à déclencher la guerre des classes, protester contre le crime des dirigeants, agiter l'opinion, créer par une propagande ardente, audacieuse, l'atmosphère favorable au mouvement révolutionnaire dont la possibilité n'apparaissait pas au premier jour. La première attitude ne manque pas d'allure, certes, mais si elle doit aboutir au désastre, ne vaut-il pas mieux faire l'économie des victimes qui seraient sacrifiées en vain, et sauver l'organisation que menacerait de ruine pareille et si folle entreprise? Le Parti l'a pensé ainsi. Il a choisi la seconde attitude. Et sa campagne, menée dans nos journaux et par la réunion, avec un « allant » reconnu de nos adversaires eux-mêmes, compte pour beaucoup dans la démobilisation rapide de la classe 19.

Mais, rappelons sommairement les faits.

A l'occasion de l'appel de la classe 1921, la Fédération des Jeunesses commença une propagande antimilitariste dont la netteté, l'énergie, le magnifique courage méritent un hommage que le Parti sera unanime à rendre. Le gouvernement s'émut. Il fit donner sa police et ses juges, perquisitionna, poursuivit, arrêta par dizaines, livra aux tribunaux correctionnels sous l'inculpation de menées anarchistes, les dirigeants de la Fédération et les militants des groupes de Jeunesses.

Dès le 13 février, le Comité directeur se solidarisait avec eux :

> Le Comité directeur approuve pleinement la courageuse campagne antimilitariste de classe commencée par les Jeunesses communistes.

Les cambriolages policiers et les destructions sauvages qui les ont accompagnés n'empêcheront pas le parti socialiste (S. F. I. C.) d'amplifier et d'intensifier cette propagande contre le militarisme et la haute finance internationale.

Pour commencer, le Comité directeur invite les fédérations à développer dès maintenant, par les journaux, les tracts et les meetings, devant l'opinion des travailleurs de la ville et de la campagne, une vigoureuse riposte de propagande révolutionnaire en réponse à l'attaque contre-révolutionnaire du gouvernement.

Devant le désordre économique et financier, qu'elle a créé, la bourgeoisie comprend que la violence seule peut lui permettre de conserver ses profits et ses privilèges.

Irrésistiblement, la lutte des classes prend des formes de plus en plus aiguës.

Dans cette lutte longue et difficile, le parti socialiste (S. F. I. C.) à travers tous les périls, étroitement solidaire de l'Internationale communiste, saura conduire les masses profonde des travailleurs exploités jusqu'à la victoire définitive sur le capitalisme exploiteur.

LE COMITÉ DIRECTEUR.

Il devait le faire à nouveau au mois d'avril. Nos camarades Laporte et William étaient incarcérés à la Santé pour un numéro de leur vaillant *Conscrit*, en particulier pour un tract paru dans *Le Conscrit*, qui contaient le passage suivant jugé subversif :

Camarades de la classe 21 !

Au Maroc, en Syrie, une guerre de rapines t'appelle. Et sur le Rhin, c'est une occupation qu'on rêve de transformer en conquête du riche bassin minier de la Ruhr!

Droits de la France? Menace allemande! te dit-on. Allons donc!

Au militarisme allemand le militarisme français a succédé. Après la dernière des guerres, nous avons gagné 800.000 hommes sous les armes. On n'a pas voulu que l'Allemagne fût complètement désarmée pour trouver un prétexte au surarmement de la France. Aujourd'hui, tout en protestant contre l'armement des gardes bourgeoises allemandes, les patrons de l'Entente encouragent en sous-main cet armement. Pour un intérêt de classe ils trahissent l'intérêt de la paix!

Trois ans durant, l'Entente a maintenu le blocus et multiplié les expéditions contre la Russie révolutionnaire parce qu'elle avait dit : Qui ne travaille pas ne mange pas.

Camarade de la classe 21 !

L'armée dont tu vas faire partie est bien moins dirigée contre l'étranger que contre ton père, ta mère, ton frère, ta fiancée ! Ta mitrailleuse saura choisir.

Le gouvernement bourgeois, à la veille de la faillite, sait que la faillite, c'est la Révolution.

Le Comité directeur fit reproduire le tract en tête de l'*Humanité* et il le fit suivre des signatures de tous ses membres, de celles du Groupe au Parlement, du Groupe à l'Hôtel de Ville, des Maires communistes de la banlieue (1er avril 1921).

Aux premières menaces d'occupation de la Rhur, en même temps qu'il déléguait Victor Méric à la Conférence de Berlin des partis communistes de l'Europe occidentale (23-26 mars), il constituait un Comité d'Action contre la Guerre, avec les C. S. R., l'Union des Syndicats de la Seine, l'A. R. A. C., la Fédération ouvrière et paysanne des Mutilés, les Jeunesses.

Le Comité dénonçait, dans un premier Manifeste, « l'extrémisme réactionnaire contre les peuples », organisait, du 23 au 30 mars, une première série de réunions, puis une seconde les 7 et 8 mai (dont celle du Pré-Saint-Gervais). Il faisait placarder dans tout le pays une affiche intitulée « A bas la guerre » qui se terminait par ces lignes :

Acceptez-vous l'impérialisme français, héritier du militarisme allemand?

Acceptez-vous la guerre?

Si elle se déchaîne, c'est l'aveu de l'impuissance de tous ceux qui s'étaient juré de la rendre impossible par

TOUS LES MOYENS.

La guerre? Plutôt la grève générale !

La guerre, c'est l'écrasement de la classe ouvrière qui veut la paix et l'expropriation des voleurs capitalistes :

RÉPONDEZ !

De son côté, pour prévenir certaines impatiences qui se manifestaient, le Comité directeur publiait, le 5 mai, un appel « à la discipline et au sang-froid » :

Le Comité directeur, tout en comprenant la légitime colère ressentie par les militants devant la politique insensée du gouvernement et les menaces que cette politique fait planer sur le prolétariat international, leur assure que la situation générale est envisagée par lui avec toute l'attention, toute la volonté d'agir qu'elle mérite.

Il leur rappelle également que la plus stricte discipline est la condition essentielle de cette action.

Nommé par le Congrès national, responsable devant lui, et devant lui seul, investi d'une autorité basée sur la confiance, le Comité directeur ne saurait, sans faillir à sa tâche, sans trahir cette confiance, sans compromettre l'existence même du Parti, subordonner ses décisions aux volontés de camarades dont les intentions sont louables, mais qui ne possèdent pas toujours toutes les données des questions à résoudre.

En conséquence, le Comité directeur informe les sections qu'il ne recevra, au cours de ses séances, que les représentants des organisations qualifiées pour entrer directement en rapports avec lui.

Enfin, il adoptait, le 8, la Déclaration ci-dessous, claire, vigoureuse, sans équivoque :

Le Parti ne veut pas attendre un seul jour pour élever sa protestation contre la mobilisation ordonnée par le gouvernement.

Les difficultés actuelles, conséquences du traité de Versailles, que le Parti a dénoncé comme impérialiste, inapplicable et fatalement générateur de guerre, et de la politique de violence du Bloc national qu'il n'a pas cessé de combattre, ne peuvent être résolues, mais seront aggravées par le recours à la force décidé par le gouvernement.

Le Parti déclare, une fois de plus, que le gouvernement, entièrement dirigé par la réaction la plus folle et la grande industrie annexionniste, ne se soucie aucunement de la reconstruction des régions dévastées et des réparations.

Il dénonce la mystification dont la nation française est la victime.

Il proclame que les jeunes gens arrachés à leur foyer, à leur travail, à la liberté civile, ne sont liés par aucun devoir envers la minorité de profiteurs et de réacteurs forcenés qui oblige le gouvernement à les mobiliser.

Les travailleurs n'ont de devoirs qu'envers leur classe, dans la nation, et dans l'Internationale.

Le Parti affirme sa volonté de resserrer, par tous les moyens en son pouvoir, les liens de fraternité qui unissent les communistes français avec leurs frères d'Allemagne. Ensemble, communistes français et communistes allemands poursuivront la lutte contre l'oligarchie capitaliste dans les deux pays.

Dès maintenant, face au gouvernement bourgeois de France, il déclare qu'il ne cessera pas de combattre aux côtés des organisations ouvrières pour refréner l'impérialisme menaçant et qu'il n'épargnera aucun effort pour que de la crise actuelle, aggravée par les complications inévitables, surgisse bientôt la Révolution à laquelle le régime boorgeois ne peut plus échapper.

On sait le reste : la campagne de l'*Humanité* et de l'*Internationale*, son retentissement dans le pays et à l'armée, la reculade de M. Briand et la libération de la classe 19.

Au mois de janvier, nous l'avons dit déjà, Loriot et Souvarine étaient en prison — détenus arbitrairement depuis mai 1920 — sous le prétexte de complot contre la Sûreté de l'Etat. Ils devaient être jugés avec leurs co-inculpés — et acquittés triomphalement en mars. Le 2 février, le Comité directeur les présentait aux électeurs du 2e Secteur de Paris et précisait en ces termes le caractère de leurs candidatures :

Solidaire des accusés, le Parti socialiste (S. F. I. C.) a décidé, à la veille du procès inique machiné pour les priver de liberté pendant des années, d'appeler le peuple de Paris à manifester sa réprobation d'un déni de justice

qui déshonore non seulement le gouvernement qui s'en rend coupable, mais aussi le pays qui le tolère.

Le Comité directeur du Parti décide de présenter ses deux membres impliqués dans l'imaginaire « complot », F. Loriot et B. Souvarine, aux élections législatives, candidats du Parti socialiste (S. F. I. C.).

En votant en masse pour les deux emprisonnés, les travailleurs parisiens manifesteront leur volonté d'arracher à la bourgeoisie ses dix victimes, de briser la dictature bourgeoise, de se solidariser avec le mouvement d'émancipation des exploités dont l'Internationale communiste est la plus haute expression.

Le peuple de Paris se souviendra de Blanqui, de Rochefort, de Paul Lafargue, de tous les hommes de l'opposition jetés en prison par le pouvoir et délivrés par le suffrage universel. Par une démonstration imposante, le 27 février, il fera retentir la voix libératrice que les gouvernants ne pourront pas ne pas entendre.

La veille, Ker, membre du Comité, avait été rejoindre Loriot et Souvarine à la Santé, suivi à quelques jours d'Amédée Dunois, puis du communiste russe Zalewski. L'Affaire des Chèques commençait. Elle se terminait deux mois après par un non-lieu, à la grande confusion de la Justice bourgeoise.

Le Comité directeur dénonça le « Coup de force » gouvernemental :

L'honneur des militants de notre Parti est au-dessus de toutes les basses machinations policières.

Le Comité directeur, et avec lui le Parti socialiste (S.F.I.C.) tout entier, affirme son absolue solidarité avec tous ses emprisonnés.

Loriot, Souvarine, Ker, Dunois, les militants des Jeunesses, sont frappés parce que communistes.

Parce que communiste le Parti proclame que leur cause est la sienne.

Il ne nous reste que peu de place pour signaler parmi les manifestations de l'activité communiste au cours de l'année : la Célébration du Cinquantenaire de la Commune, le Défilé traditionnel au Mur des fédérés, particulièrement imposant, la Journée des femmes (3 avril), la Semaine Internationale de propagande (1er-5 novembre).

Accordons enfin une mention spéciale à la campagne contre la *loi superscélérate* proposée au vote de la Chambre par le cabinet Briand, pour déférer à la correctionnelle toute la propagande antimilitariste. L'attitude résolue du Parti, celle de ses élus — en particulier l'infatigable initiative d'Ernest Lafont — l'agitation rapidement organisée firent avorter le projet (juillet 1921).

5) La famine russe

Lorsque le Parti connut, au mois de septembre, l'étendue de la famine qui menaçait de ravager des provinces russes, il se mit en devoir d'organiser, sans délai, l'effort de solidarité indispensable. De son « appel aux Travailleurs » extrayons ce court passage :

> Travailleurs de France, vous exigerez que le blocus soit levé, que la nation russe reçoive les vivres et les médicaments qui lui permettront de subsister et de vaincre l'épidémie. Les circonstances sont pressantes. Mais vous ne vous contenterez pas de peser sur votre bourgeoisie, de briser entre ses mains l'arme du crime. *Vous vous imposerez un sacrifice personnel et pécuniaire;* vous viendrez en aide à nos frères de Russie. Vous affirmerez pratiquement votre solidarité avec les masses ouvrières et paysannes qui ont secoué là-bas la servitude du vieux monde.

Le Comité de résistance aux lois superscélérates (ancien Comité d'Action contre la Guerre) se transforme en *Comité d'Assistance au Peuple russe.* Son action est trop récente pour qu'il soit besoin d'en écrire l'histoire. En trois mois, il a recueilli, par *souscriptions prolétariennes,* plus d'un *million de francs.* Il est en train d'expédier un premier chargement de *mille tonnes de riz* à la Russie. Sa tâche, hélas! n'est pas finie. Devant l'immensité des misères à soulager, on peut dire qu'elle ne fait que commencer. Le Comité ne faillira pas à son devoir dont il connait l'étendue et l'urgence.

6) Le Parti et les Syndicats

Le Congrès de Marseille consacrera à cette question des discussions approfondies. Nous ne l'évoquons dans ce rapport qu'à propos du Congrès constitutif de l'Internationale des Syndicats rouges dont les décisions relatives à la liaison organique avec l'Internationale Communiste provoquèrent quelque émotion dans la fraction syndicaliste révolutionnaire française. Le Comité directeur, après avoir entendu le citoyen Tommasi, retour de Russie, et consacré plusieurs séances à l'examen du problème, adopta unanimement une résolution dont nous jugeons utile de reproduire le texte même qui présente encore un intérêt actuel (22 juillet) :

Le Comité directeur, considérant les appréciations contradictoires que suscite dans les milieux syndicalistes la résolution votée à Moscou par l'Internationale des syndicats rouges, rappelle que la position du Parti communiste en France a été définie par la motion de Tours, disant textuellement, en ce qui concerne les rapports du Parti avec les syndicats :

« Le Parti groupe les militants de toutes les organisations prolétariennes qui acceptent ses vues théoriques et ses conclusions pratiques. Tous, obéissant à sa discipline, soumis à son contrôle, propagent ses idées dans les milieux où s'exercent leur activité et leur influence. Et lorsque la majorité, dans ces organisations, est conquise au communisme, il y a entre elles et le Parti *coordination d'action et* NON ASSUJETTISSEMENT *d'une organisation à une autre.* »

En réponse aux allégations des dirigeants actuels de la C. G. T., le Comité directeur fait observer que la motion votée à Moscou, loin d'impliquer une « subordination » quelconque des organisations syndicales à l'organisation politique, se borne à préconiser « un contact étroit et une liaison organique » entre les exécutifs de l'Internationale communiste et de l'Internationale syndicale.

Il fait observer, d'autre part, que les social-dissidents, après avoir réclamé pour leur compte une entente permanente et une liaison organique entre syndicats et sections et entre C. G. T. et Parti, sont mal qualifiés pour se poser aujourd'hui en champions de l'indépendance syndicale dont le Parti communiste n'a pas cessé de proclamer la nécessité en France.

Le Comité directeur affirme une fois de plus sa volonté de ne rien négliger pour réaliser en France, dans le respect de l'autonomie traditionnelle du syndicalisme, l'unité révolutionnaire du front prolétarien.

Précédemment, le Comité avait désigné les citoyens Frossard, Treint, Ker, Servantier, Hattenberger pour entrer en conversations avec une délégation correspondante des C. S. R. Plusieurs réunions eurent lieu mais les deux délégations se bornèrent à des échanges de vues sans sanction d'ordre pratique.

7) Le Parti Communiste et les Réparations

Le Parti Communiste ne pouvait se désintéresser de l'important problème des Réparations. La grande misère du prolétariat des régions libérées ne le laisse, en aucune façon, insensible. Mais c'est son devoir à la fois de dénoncer la duperie réformiste qui entretient dans l'esprit des travailleurs cette illusion qu'il est possible d'apporter, dans le cadre même du régime bourgeois, une solution équitable à ce problème et d'en flétrir l'exploitation éhontée que font, pour les besoins de leur politique d'impérialisme, les chauvins et les profiteurs.

A la suite d'une première réunion tenue à Paris, le 8 avril, les représentants des fédérations des pays dévastées et les membres du Comité directeur se mettaient unanimement d'accord :

« Pour dénoncer la politique bourgeoise des réparations qui prépare, à bref délai, une nouvelle guerre impérialiste et la politique réformiste impuissante à se réaliser. »

Ils proclamaient :

« Que seule la Révolution sociale rendra possible les réparations intégrales dues au prolétariat » et décidaient :

« 1° D'ouvrir une enquête sur les scandales et les gabegies des régions libérées;

« 2° De tenir une conférence, le 8 mai, à Paris. »

80 représentants communistes des départements du Nord et du Nord-Est participèrent à la conférence qui entendit un exposé complet de la question, fortement documenté, appuyé de faits et de chiffres, présenté par le citoyen Ker. Après un débat prolongé, la Conférence adopta unanimement la résolution ci-dessous :

Le Congrès communiste des Régions libérées :

En présence de l'état lamentable de la reconstruction dans les pays dévastés, abandonnée à la gabegie et à l'incompétence des services d'Etat et aux convoitises des profiteurs;

En présence de l'incapacité du capitalisme à restaurer les ruines qu'il a accumulées;

Constate l'incompatibilité fondamentale qui existe entre le régime capitaliste et une politique de reconstruction rapide et intégrale;

Dénonce le danger que les projets gouvernementaux font courir à la paix mondiale et proteste contre l'occupation de la Ruhr, qui n'est qu'une vaste entreprise de brigandage international au profit des gros métallurgistes;

Considère les solutions réformistes comme des mesures de conciliation irréalisables, tant que les puissantes oligarchies financières et industrielles seront maîtresses de la presse, de l'administration et du gouvernement;

Déclare que l'action directe des sinistrés contre l'Etat, défenseur des intérêts particuliers, reste le meilleur moyen de pression susceptible d'apporter un palliatif à la détresse des sinistrés et d'ouvrir la voie à la reconstruction intégrale sous un régime nouveau;

Engage les sinistrés à intensifier leur action directe, en particulier sous les formes coopérative et municipale et à donner en toute occasion la plus grande publicité à tous les cas de favoritisme, de corruption et de gabegie gouvernementale, agitation qui sera le prélude de l'inévitable mise en accusation de tous les requins du gouvernement, de l'industrie et de la finance;

Donne mandat au Conseil communiste d'études économiques de mettre au point, dans le délai le plus bref, les solutions pratiques susceptibles d'être mises en application dans une société où le pouvoir de l'Etat sera exercé par les travailleurs, et pouvant dès aujourd'hui servir de moyen de propagande communiste;

Il demande enfin une réunion prochaine des délégués des partis communistes français et allemands pour aboutir à une entente complète entre les deux prolétariats sur le problème des réparations.

CHAPITRE II

Le recrutement du Parti

La propagande du Parti Communiste a été menée de la façon la plus active depuis la scission. La nécessité où il se trouvait de reconstituer ses fédérations et ses sections, d'arracher à l'équivoque de la dissidence le maximum de militants, ne lui permettait pas de relâcher un seul instant son effort. Après dix mois, nous enregistrons, en dépit des difficultés de toutes natures, des résultats importants. Au 15 octobre dernier, la trésorerie du Parti avait délivré 131.476 cartes. L'an dernier, à la même époque, le chiffre de 178.787 avait été atteint. Si l'on tient compte des conditions dans lesquelles s'est effectuée la scission, on doit enregistrer, avec satisfaction, ce bilan du premier exercice du Parti Communiste. Il n'est pas inutile de rappeler, qu'avant la guerre, au temps de sa plus grande prospérité, le Parti n'atteignit jamais le chiffre de 100.000 adhérents. Au Congrès de Paris, en juillet 1914, il en dénombrait 93.218; au Congrès de Strasbourg, en février 1920, il en comptait 133.227. On pouvait craindre légitimement qu'après Tours, un grand nombre de militants ne demeurassent dans l'expectative. Au contraire, dans les semaines qui ont suivi l'adhésion du Parti à la IIIe Internationale, un mouvement s'est produit qui, soit par enthousiasme, soit par discipline, en tous cas par fidélité à notre doctrine, a rallié à notre organisation, en dépit des chefs défaillants, la masse compacte de nos adhérents. Si nous avions pu disposer d'un personnel plus nombreux de propagandistes et d'administrateurs, il n'est pas excessif de prétendre que nous eussions, cette année même, retrouvé le chiffre de nos cotisants de l'an dernier.

La Fédération de la Seine continue d'être à la tête de toutes les fédérations du Parti. Elle a pris 20.000 cartes; elle en compte 15.167 appuyées des timbres réglementaires. Au Congrès d'Amiens, en 1914, elle n'en réunissait pas plus de 14.000. La Fédération du Nord, abandonnée de tous ses élus au Parlement, de la plupart de ses élus dans les assemblées départementales, d'arrondissement ou municipales, n'en a pas moins distribué 11.252 cartes appuyées de 76.148 timbres. C'est un résultat magnifique dont il convient de faire honneur à ses militants qui se sont dépensés sans compter. La Fédération du Pas-de-Calais vient au troisième rang avec 6.000 cartes. Bien qu'elle soit en déficit de 8.000 cartes sur l'an dernier, elle n'en demeure pas moins une des plus importantes de notre Parti. Privée, elle aussi de tous ses élus parlementaires, elle a trouvé, au sein même de la classe ouvrière, des dévouements spontanés qui lui ont permis d'affronter avec succès la lutte contre le réformisme.

En quatrième rang vient la Fédération de Seine-et-Oise avec 5.700 cartes. Elle mérite une mention particulière pour l'organisation méthodique et intelligente qu'elle a su se donner et dont tout le mérite revient à ses militants. Bien qu'à proximité de Paris, elle s'est efforcée de se suffire à elle-même pour la propagande générale. Elle y a si complètement réussi qu'il convient de la citer en exemple aux autres fédérations.

Celle du Bas-Rhin avec 4.600 cartes est en progrès de 1.100 sur l'an dernier. Chose plus remarquable encore, elle a pu se donner un quotidien : *Le Monde nouveau* qui connaît déjà une diffusion appréciable.

La Moselle la suit de près avec 3.720 cartes. Puis, le Rhône, avec 3.300. Cette dernière fédération n'est en recul que de 100 cartes sur le Congrès de Tours. C'est dire que la dissidence ne l'a pas ébranlée.

Le Haut-Rhin a pris 3.000 cartes, mais il convient d'observer que 50 0/0 de ces cartes n'ont pas été placées.

Dépassent 2.000 cartes les fédérations de :

Vaucluse.	2.300
Aube.	2.250
Loire.	2.200
Seine-et-Marne.	2.200
Corrèze.	2.000
Seine-Inférieure	2.000

Soit, 6 fédération.

Observons que la Fédération du Vaucluse est en progrès de 100 cartes sur le Congrès de Tours. Elle le doit au grand effort de propagande qu'elle a donné, s'imposant des sacrifices supplémentaires pour avoir son délégué permanent.

Ont de 1.000 à 2.000 adhérents les fédérations :

Allier	1.950
Gironde	1.700
Gard.	1.600
Oise.	1.600
Lot-et-Garonne.	1.550
Dordogne.	1.500
Nièvre.	1.500
Bouches-du-Rhône.	1.450
Saône-et-Loire.	1.445
Isère.	1.270
Cher.	1.200
Doubs	1.025
Var.	1.010
Charente.	1.010
Finistère	1.000
Haute-Vienne.	1.000

Soit, 17 fédérations.

Retenons que la Fédération du Lot-et-Garonne dépasse de 350 son chiffre de Tours. C'est évidemment l'heureuse conséquence de la victoire législative remportée sur le nom de notre camarade Jean Renaud.

Cette énumération comporte quelques-unes des fédérations les plus éprouvées par la scission. C'est ainsi qu'en effet, la Fédération de la Haute-Vienne perd 3.300 adhérents. On ne peut en être surpris si l'on songe que tous les élus législatifs de ce département sont passés à la dissidence qui s'appuie sur un quotidien comme d'ailleurs un mouvement coopératif qui n'a rien à lui refuser. L'Isère est en déficit de 1.600 cartes pour des raisons analogues. L'Indre-et-Loire de 1.250.

Accordons une mention particulière à la Fédération de l'Allier qui, grâce à des efforts tenaces, a conservé au Parti la presque totalité de ses effectifs.

Nous avions, avant la guerre, 83 fédérations adhérentes au Parti. Nous en avions 95, au moment du Congrès de Tours. Une seule a disparu : celle de la Haute-Saône, où nous conservons d'ailleurs trois groupes rattachés à la Fédération du Territoire de Belfort. Deux fédérations n'atteignent pas le chiffre réglementaire de 100 adhérents : celle des Hautes-Alpes (75) et celle de la Mayenne (160).

De cet examen rapide, il résulta que le Parti reste dans toute la France une organisation solide et vigoureuse. A de rares exceptions près, ses fédérations l'emportent de beaucoup sur les fédérations dissidentes. Il nous appartient, dans l'année qui va s'ouvrir, considérant ces résultats, de les développer d'une façon rationnelle : Depuis quelques mois, notre recrutement a été arrêté. L'organisation régionale qui doit fonctionner au 1er janvier prochain, va nous permettre de lui donner un élan nouveau. Nous aurons douze délégués permanents à notre disposition. S'ils sont utilisés comme il convient par les fédérations, leur propagande ne saurait manquer de nous amener des recrues nombreuses. Mais, il n'en sera ainsi que dans la mesure où, d'une part, nous disposerons d'administrations centrales, fédérales et locales sérieuses et où, d'autre part, les réunions seront préparées avec soin.

CHAPITRE III

L'Action électorale du Parti

Pour le Parti Communiste, l'action électorale n'est pas une fin, mais un moyen. Il y prend part dans le but exclusif, non de conquérir des mandats, mais d'entretenir et d'intensifier l'agitation, de faire connaître sa doctrine, d'éduquer, de recruter, d'organiser des adhérents nouveaux. C'est pourquoi il exige de ses candidats qu'ils déploient largement notre drapeau; c'est pourquoi il se désintéresse des combinaisons de second tour par lesquelles les partis dits de démocratie cherchent à s'assurer des succès où les préoccupations de personnes tiennent davantage de place que les préoccupations d'idées. Il n'y a qu'un tour de scrutin qui compte pour le Parti Communiste : le premier; et s'il va, suivant les circonstances, au ballottage, c'est pour continuer, sans y rien changer, sa campagne du premier tour.

Dans le cours de cette année, il a été mêlé à toutes les batailles électorales partielles, ou presque toutes. S'agit-il d'élections législatives? Chaque fois qu'il s'en est produit, le Parti a présenté des candidats — à deux exceptions près : celles des Côtes-du-Nord — où la fédération communiste est de fondation récente — des Hautes-Alpes, où la fédération ne groupe qu'une poignée de camarades. Dans les premiers mois de l'année, il a posé en *Haute-Savoie* contre le radical Duboin et le conservateur Anthonioz, la candidature de *Just Sonjeon* qui a réuni 7.073 suffrages. L'élection partielle du *deuxième secteur de Paris* où il a présenté les candidatures de *Loriot* et *Souvarine* alors prisonniers politiques à la Santé, reprenant ainsi une tradition interrompue depuis Blanqui, Lafargue et

Gérault-Richard. Contre nos amis, les dissidents S. F. I. O. menèrent campagne sur les noms de MM. Maurice Maurin et Mauranges; les dissidents de la *France Libre* s'affirmèrent sur ceux de MM. Jean Bon et Dejeante patronnés également par les radicaux; le Bloc National enfin choisit MM. Bonnet et Le Corbeiller.

Conduite avec vigueur, sous la direction habile et intelligente de Jean Garchery, avec le concours de tous nos élus et de tous nos militants, la bataille eut un énorme retentissement dans le pays et ne contribuât pas médiocrement à renforcer l'autorité du Parti.

Rappelons les résultats du premier tour (27 février) :

Loriot	32.957	voix
Souvarine	32.794	—
(Moyenne : 32.885.)		
Dejeante	20.783	—
Jean Bon	20.164	—
(Moyenne : 20.473.)		
Maurin	12.966	—
Mauranges	12.867	—
(Moyenne : 12.916.)		
Le Corbeiller	47.882	—
Bonnet	46.104	—
(Moyenne : 46.993.)		

C'était, on le voit, l'écrasement des deux dissidences, celle de Tours plus durement frappée encore que l'autre. Au ballottage, MM. Le Corbeiller et Bonnet, grâce à la pression officielle la plus cynique, l'emportèrent avec 70.000, contre Loriot et Souvarine qui en obtinrent 58.000.

Mais les résultats du scrutin exercèrent une influence salutaire sur le verdict du jury du « complot » qui devait rendre à la liberté nos camarades.

Dans les *Basses-Pyrénées*, à l'élection partielle du 1er mai, une campagne difficile nous permit de réunir, sur le nom de notre candidat *Garabé*, 1.939 voix.

Dans l'*Oise*, le 17 avril, nos candidats *Victor Thevel*, conseiller général, et *Dègremont*, conseiller d'arrondissement, recueillirent une moyenne de 10.773 voix, distancés de quelques voix seulement par les dissidents Génie et Héraude. Au ballottage, les candidatures Thevel et Dègremont furent retirées purement et simplement par la fédération communiste.

Enfin, tout récemment, à *Alger*, le candidat communiste *Etienne Mazoyer*, cheminot révoqué, battait au premier tour le dissident Cayron par 3.633 voix contre 3.505 et, après une superbe campagne, obtenait 8.553 voix au ballottage contre 14.112 à M. Abbo, élu.

Ainsi, tous les scrutins législatifs partiels ont permis à notre Parti de faire bonne figure devant le corps électoral.

Il convient d'accorder une mention particulière à la triomphale élection de *Charonne* qui, tout récemment, par 4.574 voix contre 1.643, a fait d'André Marty, héros de la mer Noire, un Conseiller municipal communiste de Paris et préparé les voies à l'amnistie pleine et entière. Nous attendons de l'élection de *la Santé*, sinon des résultats aussi heureux, du moins sur le nom de Badina, frère d'armes de Marty et comme lui martyr pour ses idées, les nôtres, une manifestation significative de la volonté de justice du peuple de Paris.

En présentant successivement Loriot, Souvarine, Marty, Badina, le Parti Communiste a institué une pratique qui le grandit devant l'opinion. Il fait la preuve qu'il n'est pas un Parti de quémandeurs de mandats, travaillé d'ambitions malsaines, mais, au contraire, le grand parti de combat de la classe ouvrière.

L'espace nous fait défaut pour signaler toutes les élections départementales ou municipales auxquelles le Parti a pris part. Elles sont trop. Beaucoup nous ont apporté les résultats les plus réconfortants. Nos adversaires dissidents tirent vanité de quelques succès partiels remportés sur nos candidats. Il est vrai que certains îlots électoraux leur sont restés favorables. Mais dans l'immense majorité des cas, ou bien nous les avons battus, ou bien nous avons affronté seuls l'ennemi bourgeois.

Il est bon de noter, en particulier, la réélection, à une écrasante majorité, de notre ami BAZIN, maire révoqué au *Petit-Quevilly;* la réélection de COURAGE, conseiller d'arrondissement révoqué, à *Sotteville;* l'élection de GOGUET, à *Saint-Denis,* où seule la trahison a pu nous ravir l'Hôtel de Ville; l'échec, infiniment honorable encore que douloureux, de BOUTHONNIER et de ses camarades, à *Périgueux,* battus par une coalition qui allait de l'Internationale d'Amsterdam à l'Internationale Noire de la *Croix du Périgord.*

Le Parti a inscrit, à l'ordre du jour de son Congrès de Maresille, la question de la tactique électorale. Nous sommes assurés qu'il l'examinera dans le seul souci d'unifier son attitude, sans porter atteinte à son intransigeance nécessaire et qu'il condamnera, une fois de plus, d'une façon définitive, toutes les compromissions, avouées ou discrètes, avec les partis politiques de la bourgeoisie et les fractions dissidentes du socialisme.

CHAPITRE IV

L'Action Internationale

La résolution d'adhésion du Parti à l'Internationale Communiste avait été votée, le 31 décembre 1920. Le 10 janvier suivant, l'Internationale adressait au Parti un message de bienvenue qu'il est nécessaire de reproduire ici :

Le Comité exécutif de l'Internationale communiste félicite chaleureusement les prolétaires français de la victoire qu'ils ont remportée à Tours.

La victoire des communistes sur les réformistes et les longuettistes est celle des idées de la révolution prolétarienne sur les idées bourgeoises. Les travailleurs conscients du monde ont poussé un soupir de soulagement en apprenant que leurs frères français se sont libérés de leurs guides bourgeois et se sont mis à l'œuvre pour créer un Parti communiste vraiment prolétarien.

La sortie de Longuet et de Renaudel de la salle du Congrès atteste leur passage au camp de la bourgeoisie où les réformistes et les demi-réformistes avaient déjà depuis longtemps bien des accointances.

Tous les travailleurs conscients de France ne manqueront pas de passer peu à peu au communisme.

Soyez les bienvenus dans l'Internationale communiste, chers camarades.

Le Comité exécutif de la IIIe Internationale vous prie de lui envoyer un représentant afin de régler définitivement la question de votre affiliation.

Vive la classe ouvrière française! Vive le Parti communiste français!

Le président
du Comité exécutif de l'Internationale
communiste :
G. ZINOVIEV.

Il n'appartient pas au secrétariat général du Parti de faire l'analyse de notre activité internationale depuis Tours. Un rapport particulier la présentera au Congrès. Au surplus, elle a surtout eu pour objet d'établir une liaison aussi étroite que possible avec les Partis Communistes voisins et l'Internationale. Elle n'y est pas toujours parvenu. Par la volonté des gouvernants bourgeois, il ne peut y avoir encore de relations normales et publiques entre communistes de tous les pays. Tout notre effort est de les assurer cependant par les moyens dont nous pouvons disposer. C'est ainsi qu'au moment du rappel de la classe 19, nous avons envoyé à Berlin un membre du Comité directeur avec mandat d'assurer l'unité d'action des deux Partis Communistes, allemand et français, contre les menaces de guerre. Plus récemment, un autre membre du Comité directeur a représenté le Parti au Congrès socialiste italien, tenu à Milan, et défendu devant ce Congrès le point de vue de l'Internationale.

Le secrétariat du Parti s'est vu confier le soin de choisir la délégation communiste française au 3e Congrès de l'Internationale. Il s'en est acquitté en tenant le compte le plus scrupuleux des instructions de l'Internationale elle-même qui prescrivait d'envoyer un nombre important de délégués parmi lesquels un tiers de membres du Comité directeur, des camarades de province, des ouvriers, des femmes, un ou des représentants des Municipalités communistes. Rappelons la composition de la délégation :

Loriot, Souvarine, Vaillant-Couturier, Leiciague, Tommasi, Morizet, Delagrange, Gaye, Naegelen, André Julien, Lucie Colliard; Laporte et Doriot (ces deux derniers pour les Jeunesses).

Des camarades pressentis se récusèrent au dernier moment; le citoyen Rappoport, désigné, ne peut remplir son mandat.

Nous n'insistons pas sur les conditions toutes spéciales dans lesquelles fut arrêté le choix de nos délégués, ni sur l'imprécision de leur mandat. Nous espérons qu'à l'avenir ce mandat sera précisé par le Parti lui-même, saisi dans une assemblée nationale de l'ordre du jour du Congrès international et qualifié au demeurant pour investir les représentants de son choix.

Signalons enfin que le citoyen Souvarine a été nommé représentant du Parti auprès de l'Exécutif de Moscou; que les citoyens Vaillant-Couturier, Tommasi et Rappoport doivent assurer la liaison avec le Bureau International de presse de Berlin; que les citoyens Cachin, Frossard, Loriot, Souvarine, Vaillant-Couturier, Ker, Méric, Rappoport, Renoult, Dunois sont chargés de la collaboration française à l'*Internationale Communiste*, revue éditée par l'Exécutif.

CHAPITRE V

La Propagande

La propagande, comme à l'habitude, a été assurée par les délégués permanents, les élus législatifs et les membres du Comité directeur. Dès son entrée en fonctions, le Comité directeur, après avoir réélu comme délégués permanents, les citoyens Verfeuil et Julien, ce dernier plus spécialement pour l'Afrique du Nord, a complété la délégation par la nomination de Veyren et de Lucie Colliard. Le premier n'a pu accepter. Il a confié au citoyen Bouthonnier une délégation régionale qui constitue, dans cet ordre d'idée, le premier essai de notre Parti. Le Comité directeur a remplacé Veyren par Treint et, dans le cours de l'année, il a procédé à la désignation de Vernochet comme délégué régional pour le Sud-Ouest. André Julien a dû donner sa démission à son retour de Russie, en suite de divergences survenues avec le Comité directeur, à propos de la propagande à effectuer en faveur de la Révolution russe. Il n'a pas été remplacé.

Le concours des élus législatifs et des élus municipaux de Paris et de banlieue a été très largement utilisé par l'organisme central du Parti. Parmi ceux de nos camarades qui ont fourni le plus grand effort, il convient de mentionner : Marcel Cachin, dont le nombre de journées de propagande est considérable, Vaillant-Couturier, Renaud Jean, Georges Lévy, Ernest Lafont, Louis Sellier, Blanc, Dormoy.

Georges Lévy a été, pendant toute la campagne électorale de Mazoyer à Alger, mis à la disposition de la fédération de ce département.

Jean Garchery enfin, a donné au Parti le concours

le plus précieux pour l'organisation des campagnes électorales retentissantes du deuxième secteur de Charonne et de la Santé. Tous les élus, dans une mesure quelconque, ont répondu à l'appel du Comité directeur. Le Comité, de son côté, a fourni, par l'organe de tous ses membres, un effort considérable. Le groupe communiste au Parlement, par les soins de son secrétaire, le citoyen Dormoy, a établi un tableau de roulement qui, à partir du 1er janvier et d'une façon régulière, permettra de disposer de chacun de ses membres pour une semaine complète de propagande. Déjà la semaine de propagande a été accomplie par les citoyens Aussoleil, Nicod, Dormoy, Georges Lévy, Philbois Morucci, Renaud, Jean, Alexandre Blanc, Ernest Lafont.

Voici maintenant, par fédération, avec le total de leurs journées, les tournées accomplies par les délégués permanents :

Bouthonnier : Limoges, Charente, Basses-Pyrénées, Gironde, Indre, Charente-Inférieure, Lot, Corrèze, Haute-Vienne, Creuse, soit en tout 48 journées.

Lucie Colliard : Haute-Savoie, Calvados, Manche, Aube, Oise, Basses-Pyrénées, Savoie, Nord, soit en tout 62 journées.

Treint : Maine-et-Loire, Eure-et-Loir, Indre, Vienne, Sarthe, Landes, Nord, Oise, Haute-Marne, Nièvre, Seine-et-Oise, Haute-Vienne, Ain, Côte-d'Or, Aube, Loire-Inférieure, Vendée, Jura, soit 106 journées.

Vernochet : Loir-et-Cher, Indre-et-Loire, Sarthe, Maine-et-Loire, Loire-Inférieure, soit 25 journées (en dehors de sa région).

Verfeuil : Nord, Côte-d'Or, Hautes-Pyrénées, Haute-aGronne, Gard, Tarn-et-Garonne, Charente-Inférieure, Côtes-du-Nord, Saône-et-Loire, soit en tout 110 journées.

Julien : Constantine, Alger, Oran, Tunis, soit en tout 103 journées.

CHAPITRE VI

Constitution d'un Conseil d'Etudes Communistes

Nous avons créé le *Conseil d'Etudes Communistes* en juin dernier. Le titre donné à ce nouvel organisme indique le rôle que nous avons pensé lui faire jouer dans notre action.

L'effort constructif à accomplir par le Parti doit être le fait du Comité directeur du Parti, celui-ci étant informé des conditions d'exécution de cet effort constructif et des possibilités de réalisation par des études précises exécutées sous son impulsion, par un organisme spécialisé.

L'objet du Conseil d'Etudes sera strictement limité et le plan sur lequel il travaillera exactement précisé par le Comité directeur.

A l'inverse du Conseil Economique du Travail de la C. G. T. qui, à l'origine, maître de ses directives et de son travail, cherchait sa doctrine, notre organisme d'études ne pourra étendre son action que dans des limites et selon des directions bien déterminées.

Objet du Conseil d'Etudes Communistes

Notre Conseil d'Etudes Communiste doit être exactement un « Laboratoire du Communisme ». Il doit préparer le passage dans la vie de la doctrine communiste; il doit en étudier les modalités d'application, il doit en préciser le développement.

A cet effet, il aura une première besogne d'analyse à faire : analyse psychologique des facteurs dans le processus de la vie sociale, analyse économique des éléments intervenant dans la production et les échanges.

Cette analyse se complétera par un travail d'informations sur les créations économiques et sociales des Républiques Russe et Allemande.

Les facteurs intervenant dans la vie sociale et économique actuelle étant bien précisés, le Conseil aura mission de les regrouper, de coordonner leur action dans les formes administratives nouvelles, pour en tirer un rendement maximum en faveur de la collectivité, selon l'idéal communiste.

Ce second travail englobera donc à la fois le problème de la représentation nationale, des organismes gouvernementaux, des administrations d'Etat, de l'organisation de la production et des échanges, des relations internationales économiques et politiques.

Il apparait pratiquement irréalisable de prétendre fixer, dès à présent, le fonctionnement des multiples rouages de la vie des sociétés humaines.

Tout au plus pourrait-on arrêter les grandes lignes d'une constitution nouvelle de l'Etat et le cadre des organismes qui auront pour objet, dans la société communiste, de procéder aux réorganisations d'ensemble s'imposant.

La question la plus importante est non seulement d'établir soigneusement la constitution de ces organismes politiques et économiques, mais de savoir comment ils fonctionneront et qui en seront les administrateurs.

Il importe, en effet, au premier chef, que les organismes nouveaux renferment à la fois les compétences correspondant à leur champ d'action et les éléments qui empêcheront toute déviation du régime.

En résumé, il faut non seulement fixer le cadre des organismes à créer, mais indiquer quels hommes on mettra dans ces cadres et par qui ils seront délégués et contrôlés.

Un ordre d'urgence dans les études est à fixer par le Comité directeur du Parti. Il paraît ne pouvoir l'être avec efficacité qu'après un « dépouillement » préalable du problème d'ensemble par le Conseil d'Etudes.

Toutefois, il semble possible de préciser, dès maintenant, quelques études de première urgence. Ce sont celles qui devront servir de base aux décisions à prendre éventuellement par le pouvoir.

Problème de la sécurité intérieure.

Police, communications et ravitaillement.

Problèmes de la sécurité extérieure : liaison avec les Républiques sociales.

Problème de la représentation nationale; constitution.

Problème de la continuité de la production (crédit, usines, exploitations agricoles).

En ce qui concerne ce dernier problème, l'ordre d'urgence paraît devoir être le suivant :

Organisation du crédit (papier-monnaie et banque).
Transports ferrés et fluviaux.
Transports maritimes.
Distribution d'énergie électrique.
Industrie de l'alimentation.
Industrie du vêtement.
Industrie de petite mécanique.

Syndicalisation (sous forme de cartels) de l'industrie.

L'organisme propre à réaliser ces transformations dont il faudra, dès maintenant, déterminer la constitution et le fonctionnement, sera le « Conseil supérieur de l'Economie populaire » ou la « Direction générale de l'Economie nationale ».

Résumé des travaux du C. E. C. depuis Juin

Les premières réunions du C. E. C. ont été consacrées à l'étude d'une méthode de travail.

Dès que nous l'avons pu, nous avons donnée au C. E. C. un local dans l'immeuble de la rue Lafayette. Ce local permettra, au secrétaire et à ses collaborateurs, de réunir une documentation abondante, rendue nécessaire par le nombre et la complexité des problèmes.

La première extériorisation de notre Conseil d'Etudes a été le questionnaire que nous avons envoyé aux fédérations, pour qu'il soit distribué aux sections.

Nous nous bornerons à indiquer qu'il est le premier d'une série de travaux pour lesquels nous demanderons toujours la collaboration du plus grand nombre de camarades possible.

En dehors de la documentation fournie aux élus du Parti, le C. E. C. a étudié le problème du logement, le problème agraire, le contrôle ouvrier. Des travaux précis seront publiés prochainement concernant ces questions.

Certaines critiques pourraient être faites sur le peu d'envergure de notre Conseil d'Etudes. Nous avons voulu éviter l'écueil des grands organismes qui ne rendent rien, montagnes qui accouchent d'une souris. Nous procéderons avec prudence au départ; nous profiterons des critiques, des enseignements de l'action; nous essayerons de faire sortir quelque chose d'important du modeste organisme du début : une sorte de commissariat technique du Parti Communiste.

CHAPITRE VII

Conclusion

Nous avons donné à ce rapport un développement suffisant pour lui permettre de refléter la vie du parti communiste depuis la scission de Tours. Il ne nous appartient pas de nous prononcer sur les problèmes dont sera saisi le congrès de Marseille. Il s'agit pour le parti de déterminer sa politique quotidienne. en fonction de sa doctrine et des thèses librement acceptées par lui. Il le fera avec le double souci de maintenir l'intransigeance théorique et pratique qu'il a si heureusement restaurer et fortifier son unité révolutionnaire. Le devoir du secrétariat est d'appeler l'attention du congrès sur les méthodes de propagande du parti, son recrutement et les manifestations générales de son activité. Nous bouclons l'année avec une moyenne de 120.000 cotisants réguliers. Dans un pays comme le nôtre. un parti qui est parvenu en si peu de temps à organiser un nombre aussi important de militants est évidemment un grand parti. Il constitue à l'heure actuelle la force politique la plus considérable de ce pays. Il domine presque partout nettement la fraction dissidente. Il exerce sur la partie la plus éclairée de l'opinion ouvrière une influence incontestable. Nous devons cependant à la vérité de reconnaître que depuis quelques mois son recrutement est stationnaire. Nous connaissons les causes de cet arrêt provisoire dans sa prospérité. Après la scission, il a, en quelques semaines. fait son plein, si l'on peut dire. Puis l'enthousiasme a diminué, les difficultés sont apparues. Pour entretenir l'enthousiasme et écarter les difficultés, il nous aurait fallu disposer d'un personnel de propagandistes et d'administrateurs plus nombreux. La défection des dissidents ne nous le permettait pas. Nous manquons d'hommes ou plutôt nous connaissons mal ceux qui, modestement, militent dans nos sections, et nous ne les utilisons pas toujours avec intelligence. Nous l'avons dit déjà par ailleurs : nous sommes un parti jeune et un parti de jeunes. Ce n'est que peu à peu, par l'éducation et l'action, que des militants dignes de ce nom se formeront. Ils nous viendront de la masse elle-même lorsque nous nous attacherons à lui donner une culture communiste méthodique. Ils nous viendront également des Jeunesses communistes, dont les relations avec le parti sont de plus en plus cordiales et fraternelles et dont l'élite a déjà donné au parti des garanties de clairvoyance politique et révolutionnaire.

La besogne essentielle de l'année qui vient sera de donner une impulsion nouvelle au recrutement du parti et un aliment à sa vie intérieure. Le 1er janvier, la France doit être divisée en douze régions à la tête de chacune desquelles le parti mettra un propagandiste appointé. Le rôle de ce permanent ne sera pas, à notre avis, de s'épuiser de réunion publique en réunion publique. Il en fera un petit nombre, mais bien préparées et bien conduites. Il réservera la majeure partie de son activité à faire des conférences d'éducation et à une sorte d'inspection des groupes, s'assurant de la régularité de leurs assemblées et de l'agencement utile de leurs ordres du jour. Il collaborera aux administrations fédérales. Il se tiendra en rapport étroit avec le centre, de façon à ne laisser échapper aucune occasion de compléter son information générale.

Nous publions plus loin la liste des journaux qui relèvent du parti. Dans leur immense majorité, ils sont hebdomadaires; leur vie est mal assurée; ils ne paraissent qu'au prix de sacrifices incessamment renouvelés par les militants. Il y a lieu, pour le parti, d'examiner par quelle organisation d'ensemble il sera possible, tant au point de vue de la rédaction qu'à celui de la publicité, de leur faciliter la tâche. L'année qui s'achève a exigé du centre une aide matérielle et morale constante aux fédérations. Le parti doit tendre à obtenir que ses organisations départementales et locales satisfassent de plus en plus aux nécessités de l'action. S'il demande au comité directeur de se faire son interprète entre deux congrès et, à ce titre, de ne pas hésiter à prendre de larges initiatives, il ne saurait exiger de lui que dans les circonstances ordinaires de la vie communiste il se substitue aux fédérations et aux sections. Il serait fâcheux que disparussent les initiatives d'en bas dans l'attente exclusive des initiatives du centre.

Le comité directeur attend beaucoup d'une collaboration intime avec la masse de ses militants. C'est seulement par cette collaboration que le parti sera à la hauteur des événements.

Le secrétaire général du Parti,
L.-O. Frossard.

ANNEXES

LE MANIFESTE DU PARTI

(adopté par le Congrès de Tours dans sa dernière séance)

Le Congrès de Tours marquera une date historique dans la vie longue déjà et glorieuse du socialisme en France. S'il restaure parmi nous les conceptions traditionnelles de Marx et d'Engels, les doctrines jadis consacrées et trop souvent désertées dans la pratique, il adapte en même temps aux nécessités des temps nouveaux, aux obligations impérieuses que nous assigne la crise révolutionnaire mondiale, les méthodes de préparation et d'action qui doivent désormais prévaloir.

En face du régime capitaliste qui croule politiquement, économiquement, socialement, notre discipline devait se resserrer, la rupture s'affirmer avec tout ce qui représente les classes déclinantes, la lutte des classes être proclamée dans toute son ampleur.

Tel est le sens de l'adhésion du socialisme français à cette Internationale communiste qui a relevé le véritable drapeau de l'Internationale des travailleurs, et la majorité des trois quarts des suffrages exprimés qui s'est manifestée à Tours donne à cette adhésion sa valeur de souveraine puissance.

Héritiers des hommes qui fondèrent et notre Parti en France et l'organisation ouvrière révolutionnaire dans le monde, nous poursuivons leur tâche. Du Congrès inaugural de la Première Internationale, il y a cinquante-six ans, au Congrès d'Amsterdam, en 1904, et de notre Congrès d'unité de 1905, au Congrès de Tours, la chaîne est continue.

A la droite de notre Parti, un petit nombre d'hommes, des élus plus que des militants, dont certains comptaient des états de service, mais qui s'étaient laissé conquérir par la conception revisionnaire et purement parlementaire, nous ont quittés délibéré-

ment. Leur position était prise d'avance; ils avaient préparé leur schisme. Au Congrès de la Fédération de la Seine, le secrétaire du Parti avait démasqué leurs desseins. Ils n'ont pas voulu comprendre la loi d'airain des temps nouveaux. Nous passons.

Au centre, d'autres, en plus grand nombre, ont rompu avec nous. Ils ont hésité jusqu'à la dernière minute. Irrésolus, incapables de faire leur choix entre le réformisme parlementaire et le communisme marxistes, ils se sont rapprochés des hommes mêmes qu'ils avaient jadis combattus.

Partisans, suivant leur motion, d'une adhésion à la IIIe Internationale, ils se sont refusés à suivre aucun des chemins qui pouvaient y conduire.

Ils sont les véritables auteurs de la crise, si restreinte soit-elle, où pénètre notre Parti.

Ils ont montré, par leur geste, aux masses laborieuses de ce pays, qu'ils en assumaient la responsabilité. Ce n'est pas sur un vote de principe qu'ils sont sortis, mais sur la lecture d'un document d'allure polémique, un message de l'Internationale Communiste dont ils ont voulu méconnaître la signification réelle.

C'est en vain que nous leur avons offert tous les apaisements légitimes. C'est en vain que nous avons pris l'engagement catégorique de consacrer, dans un statut, le droit des minorités. C'est en vain que nous nous sommes prononcés contre les exclusions pour les actes du passé.

Des considérations d'amour-propre, où se révèle l'esprit petit-bourgeois, des raisons que le prolétariat ne peut comprendre, lui qui met la cause de la révolution au-dessus des personnes, les ont conduits à la rupture.

Qu'ils en gardent devant l'histoire la lourde charge!

Dans cette séparation d'avec des éléments anciens, nous regardons avec joie la puissance saine et majestueuse de notre grand Parti. Toutes les grandes fédérations des régions industrielles sont avec nous; les fédérations paysannes sont venues, par leur renfort, nous attester le fécond travail qui s'accomplit dans les masses rurales. Ainsi se marquent la solidarité grandissante entre les travailleurs des villes et ceux des champs, les progrès de l'esprit de classe, cette condition même de l'élaboration de la société future.

C'est la clarté tranchante de la politique menée en commun par tous les partisans sincères de la IIIe Internationale qui a frappé le plus vivement la conscience du prolétariat.

Ainsi s'est réalisée en France l'union intime et désormais indissoluble de tous les socialistes communistes.

C'est la France salariée, la France en révolte contre le régime capitaliste, régime de guerre et de faillite, régime de rapine, d'exploitation et de servitude, c'est toute cette France militante qui est avec nous; c'est elle qui défendra demain, de concert avec toutes les sections de l'Internationale Communiste, la paix, le droit des peuples et la révolution menacées par les impérialistes, masquant leurs intérêts de classe derrière la défense nationale.

L'œuvre qui s'impose à notre Parti est énorme; elle ne nous effraie pas. Le vieux monde s'effondre devant l'esprit des temps nouveaux. La révolution qui s'annonce, qui est née en Russie et qui gagnera de proche en proche tous les Etats et tous les continents, trouvera des millions et des millions d'artisans sévères. L'âpre lutte continuera, patiente quand il faudra, rapide et décisive à l'heure venue pour la libération des nouveaux esclaves. Le régime bourgeois chancelle sur ses bases au lendemain de la plus cruelle des guerres; nous lui porterons seulement le dernier coup.

PROLETAIRES, PAYSANS ET OUVRIERS!

Vos devoirs s'accroissent dans la mesure où les temps s'avancent. Vous ne vous laisserez séduire ni par ceux qui veulent trouver dans le parlementarisme exclusif, dans l'abandon des principes socialistes, dans la collusion avec l'adversaire capitaliste, des avantages illusoires, des transactions mortelles pour la révolution, ni par ceux qui cherchent leur voie à tâtons sans jamais se résoudre et qui, inconsciemment, paralysent l'œuvre d'affranchissement.

Vous tous, vieux militants de notre Parti, qui l'avez servi par votre dévouement opiniâtre, jeunes hommes soulevés par le cyclone de la guerre et qui affluez dans nos rangs, vous viendrez à nous pour consommer l'œuvre commencée.

Que notre Parti soit grand! Que notre Parti soit fort

et discipliné, maître à la fois de ses militants et de ses élus! Que dans l'Internationale, relevée à l'ombre de la première des grandes révolutions sociales, il soit digne de son passé, digne de Babeuf, digne des hommes de Juin 1848, digne de la Commune, digne de Jaurès, digne de l'avenir glorieux qui s'offre à nous!

Le combat continue plus ardent et plus ample. Il ne s'agit point d'émeutes et d'aventures. En travailleurs, toujours équipés avant l'heure de l'offensive, nous creuserons nos parallèles de départ, toujours à l'affût d'un ennemi que nous savons implacable et préparé.

Que la décision de Tours soit l'ordre suprême pour tous les prolétaires français!

Que l'adhésion à la IIIe Internationale retentisse à travers le monde comme l'annonce des grands changements prochains!

VIVE LE SOCIALISME REVOLUTIONNAIRE FRANÇAIS!

VIVE L'INTERNATIONALE COMMUNISTE!

Situation des Fédérations au 1er Octobre 1921

FÉDÉRATIONS	CARTES	TIMBRES	Cartes appuyées de 6 timbres
Ain	707	8.484	707
Aisne	800	4.400	631
Alger	500	2.280	380
Allier	1.950	14.300	1.950
Alpes (Basses)	300	3.600	300
Alpes (Hautes)	75	400	67
Alpes-Maritimes	550	4.200	550
Ardèche	630	5.700	630
Ardennes	750	4.100	683
Ariège	500	3.000	500
Aube	2.250	15.000	2.250
Aude	520	2.700	450
Aveyron	530	2.000	334
Bouches-du-Rhône	1.400	16.400	1.400
Calvados	500	2.000	334
Cantal	300	1.200	200
Charente	1.010	6.500	1.010
Charente Inférieure	600	5.000	600
Cher	1.200	8.000	1.200
Constantine	500	1.600	267
Corrèze	2.000	12.000	2.000
Corse	145	1.740	145
Côte-d'Or	900	6.666	900
Côtes-du-Nord	280	1.560	260
Creuse	900	4.000	667
Dordogne	1.499	8.300	1.499
Doubs	1.025	6.500	1.025
Drôme	1.500	12.000	1.500
Eure	500	2.500	412
Eure-et-Loir	600	3.000	500
Finistère	1.000	4.666	778
Garonne (Haute)	500	4.000	500
Gard	1.600	17.200	1.600
Gers	265	3.080	265
Gironde	1.700	8.800	1.300
Hérault	730	5.240	730
Ille-et-Vilaine	520	2.733	456
Indre	600	3.300	550
Indre-et-Loire	1.250	8.000	1.250
Isère	1.270	9.000	1.270
Jura	300	1.500	250
Landes	400	2.400	400
Loir-et-Cher	420	4.450	420
Loire	2.200	9.000	1.500
Loire (Haute)	105	1.600	105
Loire-Inférieure	600	4.000	600
Loiret	472	3.000	472
Lot	250	2.100	200

FÉDÉRATIONS	CARTES	TIMBRES	Cartes appuyées de 6 timbres
Lot-et-Garonne	1.550	6.100	1.017
Lozère	110	1.320	110
Maine-et-Loire	480	4.200	480
Manche	250	1.100	183
Marne	640	5.000	640
Marne (Haute)	350	3.000	350
Mayenne	60	600	60
Martinique	110	880	110
Meurthe-et Moselle	750	3.500	684
Meuse	200	1.000	167
Morbihan	200	1.233	200
Moselle	3.720	20.000	3.331
Nièvre	1 500	9.000	1.500
Nord (1)	18.150	153.000	
Oise	1.600	8 000	1.334
Oran	200	600	100
Orne	285	1.641	274
Pas-de-Calais	6.000	36.000	6.000
Puy-de-Dôme	620	4.850	620
Pyrénées (Basses)	300	2.800	300
Pyrénées (Hautes)	300	1.370	228
Pyrénées-Orientales	600	4.500	600
Rhin (Bas)	4.600	17.500	2.922
Rhin (Ht) Belfort	600	3.000	500
Rhin (Ht) Mulhouse (2)	3.000	10.000	1.667
Rhône	3.300	20.000	3.300
Saône-et-Loire	1 445	10.700	1.445
Sarthe	600	2 500	445
Savoie	800	3.000	500
Savoie (Haute)	650	3.272	515
Seine	20.000	100.000	15.167
Seine-Inférieure	2.000	13.000	2.000
Seine-et-Oise	5.700	32 000	5.700
Seine-et-Marne	2.200	8.000	1.334
Deux-Sèvres	400	1.500	250
Somme	640	3.800	640
Tarn	600	7.200	600
Tarn et-Garonne	340	1.900	312
Tunisie	200	1.600	200
Var	1.010	5.000	834
Vaucluse	2.300	14.000	2.300
Vendée	330	2.100	330
Vienne	660	3.700	612
Vienne (Haute)	1.000	6.500	1 000
Vosges	600	3.300	550
Yonne	600	5.300	600
Fédération étrangère	158	600	100

(1) La fédération du Nord avait pris une partie de ses cartes et timbres avant la scission. Sa situation est la suivante : 9.275 cartes et 66.771 timbres ont été délivrés par la S.F.I.C.; 1.957 cartes et 9.377 timbres ont été délivrés par la S.F.I.O. mais entrent dans les effectifs communistes; soit au total 11.252 cartes et 76.148 timbres.

(2) La fédération du Haut-Rhin (Mulhouse) n'a utilisé qu'une partie des cartes qui lui ont été délivrées.

TABLEAU COMPARATIF de la SITUATION des FÉDÉRATIONS

Etabli suivant le nombre de

Cartes prises au 1er Octobre 1920 et au 1er Octobre 1921

	FÉDÉRATIONS	CARTES prises au 1er Octobre 1921	CARTES prises au 1er Octobre 1920
1	Seine	20.000	21.200
2	Nord	18.150	20.700
3	Pas-de-Calais	6.000	14.000
4	Seine-et-Oise	5.700	7.950
5	Bas-Rhin	4.600	3.500
6	Moselle	3.720	7.000
7	Rhône	3.300	3.400
8	Haut-Rhin (Mulhouse)	3.000	2.600
9	Vaucluse	2.300	2 200
10	Aube	2.250	2.700
11	Loire	2.200	2.506
12	Seine-et-Marne	2.200	3.000
13	Corrèze	2.000	3.000
14	Seine-Inférieure	2.000	2.800
15	Allier	1.950	2.300
16	Gironde	1.700	2.700
17	Gard	1.600	2.500
18	Oise	1.600	2.450
19	Lot-et-Garonne	1.550	1.200
20	Drôme	1.500	2.040
21	Nièvre	1.500	2.200
22	Saône-et-Loire	1.445	2.390
23	Dordogne	1.499	1.900
24	Bouches-du-Rhône	1.400	2 600
25	Isère	1.270	2.853
26	Indre-et-Loire	1.250	2.550
27	Cher	1.200	1.450
28	Doubs	1.025	1.400
29	Charente	1.010	1.250
30	Var	1.010	1.500
31	Finistère	1.000	1.500
32	Haute-Vienne	1.000	4.300
33	Côte-d'Or	900	1.300
34	Creuse	900	1.200
35	Aisne	800	900
36	Savoie	800	600
37	Ardennes	750	1.400
38	Meurthe-et-Moselle	750	600
39	Hérault	730	1.350
40	Ain	707	1.225
41	Vienne	660	700
42	Haute-Savoie	650	532
43	Somme	640	1.050
44	Ardèche	630	770
	reporter	110.846	147.266

	FÉDÉRATIONS	CARTES prises au 1er Octobre 1921	CARTES prises au 1er Octobre 1920
	Report	110.846	147.266
45	Puy-de-Dôme	620	1.700
46	Charente-Inférieure	600	1.400
47	Eure-et-Loir	600	600
48	Indre	600	900
49	Loire-Inférieure	600	950
50	Pyrénées-Orientales	600	675
51	Haut-Rhin (Belfort)	600	800
52	Sarthe	600	710
53	Tarn	600	1.004
54	Vosges	600	1.200
55	Yonne	600	750
56	Alpes-Maritimes	550	810
57	Aveyron	530	720
58	Aude	520	900
59	Ille-et-Vilaine	520	800
60	Alger	500	700
61	Ariège	500	800
62	Calvados	500	550
63	Constantine	500	400
64	Eure	500	550
65	Haute-Garonne	500	1.000
66	Maine-et-Loire	480	710
67	Loiret	472	850
68	Loir-et-Cher	420	800
69	Landes	400	500
70	Deux-Sèvres	400	500
71	Haute-Marne	350	400
72	Tarn-et-Garonne	340	325
73	Vendée	330	500
74	Basses-Alpes	300	390
75	Cantal	300	300
76	Jura	300	1.100
77	Oran	300	400
78	Pyrénées (Hautes)	300	250
79	Pyrénées (Basses)	300	382
80	Orne	285	600
81	Côtes-du-Nord	280	350
82	Gers	265	400
83	Lot	250	505
84	Manche	250	275
85	Meuse	200	400
86	Morbihan	200	550
87	Tunisie	200	300
88	Fédération Etrangère	158	
89	Corse	145	180
90	Martinique	110	200
91	Lozère	110	135
92	Haute-Loire	105	120
93	Hautes-Alpes	75	100
94	Mayenne	66	210
	TOTAUX	131.476	178.787

Tableaux Annexes (1)

a) Liste des membres du Groupe Communiste au Parlement

Alexandre Blanc, Aussoleil, Baron, Berthon, Cachin, Dormoy, Ernest Lafont, Lévy, Maurel, Morucci, Nadi, Nicod, Philbois, Renaud-Jean, Vaillant-Couturier.

Secrétaire : Pierre Dormoy.

b) Liste des membres du Groupe Communiste à l'Hôtel de Ville

André Marty, Besombes, Garchery, Joly, Jean Morin, Jean Colly, Camille Renault, Louis Sellier, Philippe, Marsais, Couergou, Bachelet, Henri Sellier.

Secrétaire : Jean Garchery.

c) Statistique des Conseillers Généraux Communistes

Allier : Montusès, Joseph Gaume, Alexis Gaume, Durand.
Basses-Alpes :
Aube : Louis Croisé.
Ardèche : Sully Eldin.
Bouches-du-Rhône : Latière.
Côte-d'Or : Barabant, Bobin.
Dordogne : Bouthonnier.
Drôme : Nadi.
Gard : Bechard, Valette, Germain Durand, Queyranne, Mathieu Goirand.
Hérault : Bertrand.
Isère : Dognin, Ricard.

---

(1) Les renseignements ci-dessus sont sans doute incomplets, notamment en ce qui concerne l'état des conseillers généraux et des municipalités communistes. On ne voudra bien les retenir qu'à titre d'indication

Loire : Ferdinand Faure, Lafont, Terrasson.
Nord : Hentgès, Sarot, Debève, Verdavaine.
Oise : Thevet.
Oran : André Julien.
Pyrénées-Orientales : Soubille.
Bas-Rhin : Heysch.
Haut-Rhin (Belfort) : René Rucklin.
Seine-Inférieure : Bazin.
Haute-Vienne : Dr Fraisseix, Lasvergnas.
Var : Barbaroux.

d) Municipalités conservées au Parti Communiste (en totalité ou en majorité).

Aubervilliers, Bagnolet, Bobigny, Boulogne, Choisy-le-Roi, Drancy, Ile Saint-Denis, Levallois-Perret, Pantin, Pavillons-sous-Bois, Le Kremlin-Bicêtre, Pré-Saint-Gervais, Montreuil, Suresnes, Thiais, Bondy, Issy-les-Moulineaux, Puteaux, Saint-Ouen, Villetaneuse (Seine).

Hellemmes, Denain, Vieux-Condé, Fresnes, Somain, etc. (Nord), Troyes, Romilly, Petit-Quevilly, Maromme, Oyonnax, Romans, Saint-Junien, Périgueux, Auchel, Hénin-Liétard, Nœux-les-Mines, Ruelle, Douarnenez, Villeurbanne, Oullins, Valdoie, Colombelles, Saint-Germain-des-Fossés, Le Boucau, La Motte-d'Aveillans, Bollène, Oraison, Rivesaltes, Estagel, Saint-Pierre-des-Corps, Tarnos, Chalette, Champagney, Eymoutiers, Laroche.

Etat de la Presse du Parti [1]

I. — Presse Quotidienne

L'Humanité .... à Paris, 142, rue Montmartre
L'Internationale .... — —
Le Journal du Peuple ..... Paris.
Le Populaire de Bourgogne Dijon.
La Dépêche de l'Aube..... Troyes.
La Volkstribune........... Metz.
Le Monde Nouveau........ Strasbourg.
Habib el Oumma (quotidien de langue arabe) .... Tunis.

II. — Presse bi-hebdomadaire

Germinal .... Belfort | *Le Travailleur* .... Sens

III. — Presse hebdomadaire

1. *Le Bulletin Communiste*...... à Paris.
2. *L'Eclaireur de l'Ain*.......... Oyonnax.
3. *La Lutte Sociale*...... ...... Alger.
4. *Le Travail*.... .... Montluçon.
5. *Le Travailleur des Alpes* ..... Digne.
6. *L'Eclaireur*... .... Decazeville.
7. *Le Populaire Normand*....... Caen.
8. *Le Travailleur Charentais*.... Ruelle.
9. *L'Emancipateur*.............. Bourges.
10. *Le Prolétaire*............... Périgueux.
11. *Le Travailleur*.............. Chartres.
12. *Germinal*...... .... Brest.
13. *L'Ordre Communiste*. .... Toulouse.
14. *Le Réveil Socialiste*........ . . Nîmes.
15. *Travail*............... ..... Bordeaux.
16. *La Voix Socialiste*........... Fougères.
17. *Le Réveil*...... .... Tours.
18. *Le Progrès*.................. Vendôme.

(1) La liste ci-dessus comprend à la fois les journaux propriété du Parti et ceux qui acceptent son contrôle.

19.	*Le Peuple*....................	Saint-Etienne.
20.	*Le Travailleur*...............	Agen.
21.	*L'Anjou Communiste*.........	Saumur.
22.	*L'Egalité*......................	Chaumont.
23.	*Le Socialiste Nivernais*.......	Nevers.
24.	*Le Prolétaire*..................	Lille.
25.	*Le Réveil Social*..............	Maubeuge.
26.	*Le Franc-Parleur*............	Beauvais.
27.	*Le Communiste du Pas-de-Calais*	Boulogne.
28.	*Le Cri du Peuple*	Lyon.
29.	*La Voix Paysanne*...........	Paris.
30.	*Le Travailleur Savoyard*	Annecy.
31.	*Le Communiste de Normandie*	Rouen.
32.	*L'Aube Sociale* (S.-&-O.)......	Paris.
33.	*Le Semeur*	Chelles (S.-&-M.).
34.	*L'Aube Sociale*..............	Amiens.
35.	*L'Avenir Social*	Tunis.
36.	*L'Avenir*.....................	Carpentras.
37.	*Le Prolétaire*................	La Roche-sur-Yon.
38.	*Le Prolétaire*................	Châtellerault.
39.	*L'Etincelle* (bi-mensuel).....	Epinal.
40.	*L'Emancipation*..............	Saint-Denis.
41.	*L'Eveil Communiste*.........	Montrouge.
42.	*La Butte Rouge*.............	Paris.
43.	*Le Midi Communiste*........	Marseille.

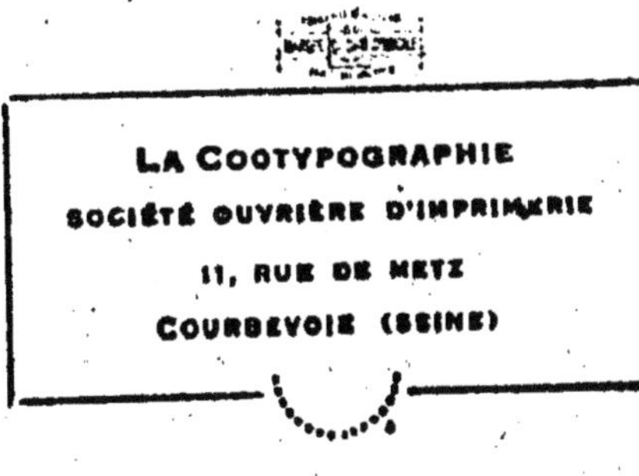

42845

www.ingramcontent.com/pod-product-compliance
Ingram Content Group UK Ltd.
Pitfield, Milton Keynes, MK11 3LW, UK
UKHW022124170726
13837UKWH00003B/1351

9 782329 203591